ラ・ベットラ落合シェフの「絶対おいしく作れる」パスタ

LA BETTOLA
da Ochiai

はじめに

ひとつひとつの
プロセスをていねいに、
レシピに忠実に作ってみること。
それが
家パスタをおいしく作るコツ

パスタは、簡単なようで奥深い料理です。

塩加減ひとつ、水分の煮詰め方ひとつ違ったら、味がぼやけて今ひとつの仕上がりになってしまいます。ちょっとした、あるひとつのプロセスを踏み忘れるだけで、おいしさが半減することだってあります。

逆に、きちんとプロセスをたどって、ていねいに、レシピに忠実に作れば、極上の一皿が約束されるのもパスタです。

じっくり時間をかけてにんにくを炒めること、油分と水分をよくゆすってとろみにすること、トマトソースは煮詰める時間においしくなること……。

本書では、落合シェフによる「パスタ作りのコツ」がぎっしり詰まっています。

たった1行のポイントも見逃さずに、この本でパスタを作ってみてください。

そのおいしさにきっと感動するはずです。

はじめに……2

パスタ作りのルール……12

rule 1 パスタの茹で方……14

rule 2 パスタは炒め物じゃない、「和え物」……16

rule 3 ソースの乳化……18

rule 4 塩加減について……20

1章　基本のパスタ

Aglio olio

Ⅰ. アーリオ・オーリオ

アーリオ・オーリオ・ペペロンチーノ……26

キャベツとアンチョビ……30

いろいろ野菜とアマニ……32

香草 アリオリ……34

しいたけのアリオリ……36

とろとろ玉ねぎのせ……38

くたくたトマトのせ……40

水菜とからすみ……42

Salsa Pomodoro

Ⅱ. トマトソース

ポモドーロ……46

レタスとバジリコ……48

じゃがいも入りアラビアータ……50

きのこ、玉ねぎ、オリーブ、ツナ……52

きゅうり入りプッタネスカ……54

野菜のラグー……56

フレッシュトマトとモッツァレラ、バジリコ
　　マスカルポーネムースのせ……60

Salsa alla panna

Ⅲ. クリームソース

パンナ・パルミジャーノ……66

白ねぎのクリーム……68

白菜とベーコン……70

ホワイトアスパラガスとエビのウスターケチャップ風味……72

玉ねぎ、じゃがいも、カリフラワー……74

かぼちゃとほうれん草……76

大根のみぞれクリーム……78

チンゲンサイ入りレモンクリーム……80

Burro

Ⅳ. バター

バター・パルミジャーノ……86

さつまいもとゴルゴンゾーラ……88

大葉とパセリ……90

いろいろきのこ……92

　　ブロッコリーのカレーバター風味……94

Pesto Verdure

Ⅴ. 野菜ペースト

　　ジェノベーゼ……98

　　ジェノベーゼのパリパリパスタ……102

　　オリーブとドライトマトのペースト、ズッキーニ和え……104

　　フンギペースト……106

　　万能ねぎとかに……110

　　枝豆ペーストとブロッコリー……114

　　かぶのオレキエッテ……116

　　ルーコラの冷製……120

　　バーニャカウダといろいろ野菜……124

　　ピーラー野菜のパスタ仕立て……128

Risotto

Ⅵ. リゾット

リゾット・パルメザン……132

アスパラとアンディーブのゴルゴンゾーラリゾット……134

トマトリゾット野菜のオイル炒め和え……136

焼きリゾットのサラダ……138

お米のサラダ……140

Pasta fredda

Ⅶ. 冷製

トマトの冷製……144

アボカドと野菜のソース……146

巨峰とミント……148

オレンジ……150

焼きなすペースト……152

ペペロナータ……154

2章　アレンジ自在 定番おかず

なすのオイル炒め……158

なすの冷製　オイル炒めのせ……160

ズッキーニのオイル炒め……162

ズッキーニのリガトーニ……164

カポナータ……166

カポナータのペンネッテ……168

きのこのオイル炒め……170

白身魚のムニエル　きのこのソース……172

焼き野菜いろいろ……174

焼き野菜のグラタン……176

レシピのルール
◎ 本書記載のカップ1＝200cc、大さじ1＝15cc、小さじ1＝5ccです。
◎ オリーブオイルはすべてエキストラ・バージン・オリーブオイルです。
◎ バターはすべて無塩バターです。有塩バターを使用する場合は、ソースに加える塩分を少なめに調整してください（加える茹で汁を水にかえるなど）。

パスタ作りのルール

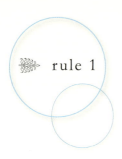

rule 1

パスタの茹で方

1. 鍋にたっぷりの湯を沸かす［a］。2人分のパスタ（160g）に対し、最低でも2リットルの水を用意する。

2. 十分沸騰した鍋に、塩を加える［b］。塩の分量は水1リットルにつき25〜30gが目安。海水ほどではないが、味見してみて「しょっぱいな」と感じるぐらい。塩を加えるのは、パスタにしっかり塩味をつけるため。菜箸等でかき混ぜ、均一に溶かす。

3. パスタを入れる。菜箸等で混ぜ、パスタを湯に沈める［c］。茹で始めのしばらくはていねいにほぐす。そうすると、麺が束になって茹で上がるといった失敗がない。

4. 水面がふつふつとする火加減をキープする。

5. 味見してみて芯が1本残るぐらいのアルデンテに茹で上がったら（茹で時間は袋の表示時間より約1分早め）、湯からあげる［d］。

rule 2

パスタは炒め物じゃない、 「和え物」

パスタを炒め物だと思っている人がいたら、それは大きな間違い。
フライパンでソースとからめながらパスタをジャージャー炒める…そんなイメージは、今すぐ捨ててしまおう。
完ぺきなソースができたら、あとは茹で上げたパスタと和えるだけ。それが正解。火を入れて炒める必要なんてないし（パスタは茹でたてだから熱いし、ソースが多少冷めていてもパスタの熱であたたまる）、きちんとパスタの水気を切っていれば、水分を飛ばす必要もない（むしろ炒めて水分が飛んでしまうと、ソースの状態が変わってしまう）。
だからパスタは和え物。
パスタをソースとからめるとき、基本的に火はつけない。つけるとしても保温のためのごく弱火。完ぺきなソースを作って、茹で立てのパスタと"和える"。これが、パスタ作りのセオリー。

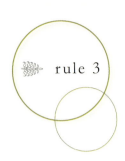

rule 3

ソースの乳化

完ぺきなソースとは、どういうものだろう。
味や塩加減が決まっているのはもちろんだけど、もうひとつ、とても重要なポイントが、パスタによくからまるということ。すなわち、適度な「とろみ」を持っていることが不可欠。旨みが詰まったソースがまんべんなくパスタにからむ、それがパスタのおいしさ。だから、とろみづけはソース作りの要ともいえる。
トマトソースやクリーム系のパスタは、トマトや生クリームを煮詰めることでとろみをつける。一方、アリオリに代表されるオイル系ソースの場合は、オイルと水分（茹で汁）を一体化させてとろりとしたソースに仕上げなければならない。
そこで意識したいのが、「乳化」という工程。オイル（油）と茹で汁（水分）は分離する性質を持つから、これら両者をひとつにすることを「乳化」という。
なんだか難しそうに聞こえるけど、オイルと茹で汁の入ったフライパンをよく揺するだけだから作業はシンプル。ドレッシングを作るとき、材料を容器に入れてシェイクするのと同じで、フライパンを小刻みに揺することでオイルと水分がよく混ざり合い、とろりとしたソースになる。これで、完ぺきなソースが完成する。
乳化のとき気をつけたいのが火加減。火が強すぎて沸騰させてしまうと、比重の軽い油は上へ、比重の重い水は下へと移動し、いったん乳化したソースが分離してしまうので注意しよう。

rule 4

塩加減について

和洋中華、どんな料理にも言えることだけど、料理の味を決めるのは塩加減。パスタの場合、パスタとソースがからまった状態でちょうどいい塩加減であることが重要になってくる。

パスタにしっかり塩味をつけるのもそのため。ソースの塩加減をちょうどよくしても、塩味のついていないパスタにからめると、薄く感じてしまう。パスタに少し塩味がついていると、ソースとからめても薄まらず、ちょうどおいしくなるわけだ。

塩を使うときに、ひとつ覚えておきたいのは、「塩は油に溶けにくい」ということ。だから、オイル系パスタの塩加減はパスタの茹で汁で調整する（間違ってもにんにくオイルに直接塩をふる、なんてことはしない）。そのほか、野菜ペーストを溶きのばしたり、ソースを煮詰めすぎたときにのばしたりと、茹で汁の使い方はさまざま。茹で汁には麺の香りもついているから、塩味のきいた「だし」だと思って塩気の調節に使うといい。

I章 基本のパスタ

I. アーリオ・オーリオ
II. トマトソース
III. クリームソース
IV. バター
V. 野菜ペースト
VI. リゾット
VII. 冷製

BASIC

I. アーリオ・オーリオ

にんにく(アーリオ)の香りを
オリーブオイル(オーリオ)に移した、
アーリオ・オーリオソース。
材料も作り方もごくごくシンプルだけど、
アリオリソースには、
パスタ作りの「基本」が詰まっているので
まず最初にマスターしてほしい。

アーリオ・オーリオ①(基本)

Aglio olio e peperoncino

アーリオ・オーリオ・ペペロンチーノ

アリオリソースにペペロンチーノ(赤唐辛子)の
辛みを移してパスタにからめる。
シンプルなだけに、ひとつひとつの工程に
意味を感じながら作ってほしい。

材料(2人分)
にんにく ── 大2片
赤唐辛子 ── 1本
オリーブオイル ── 大さじ4
イタリアンパセリ(粗みじん) ── 大さじ1
スパゲティ ── 160g

作り方

1. **にんにくと赤唐辛子のオイル**を作る。

    ❶にんにくは、手や包丁の腹でつぶし、皮を除く。赤唐辛子は、種を取って半分に切る。

    ❷冷たいフライパンにオリーブオイルとにんにくを入れる。フライパンを傾け、にんにくがオイルに浸るようにしながら、強火であたためる［*a*］。

    ❸にんにくがふつふつしてきたら、ごく弱火にする。にんにくの小さいクズは焦げるので取り除く。

    ❹にんにくのから揚げを作るような感じで、箸を刺して、ガリツという感触がなくなるまでじっくり火を通し［*b*］、オイルに香りを移す。にんにくがきつね色になったら火を止める。

    ❺オイルの温度が少し下がったところで、赤唐辛子を加え、20秒ほどフライパンをゆすって余熱で香りと辛みをオイルに移す［*c*］。

    ＊にんにくと赤唐辛子はくれぐれも焦がさないように注意する。

b

c

2. イタリアンパセリを加える。

3. スパゲティの茹で汁(約大さじ4)を少しずつ加えて [***d***] フライパンをよくゆすり、とろりとしたソースを作る(乳化) [***e***]。

＊このとき、火はつけない(温度が低いほうが乳化しやすい)。つけるとしても、保温のためのごく弱火。沸騰させてしまうと乳化しないので注意する。

＊加える茹で汁の量は目安。ソースに塩分が足りていれば少なめに、足りなければ多めに加える。茹で汁で全体の塩分を調整する。塩分が強すぎたら水を加えてもいい。

4. **3**に茹で上げたスパゲティの水気をよく切って加え、和える [***f***]。

＊ソースとパスタを和えるとき、火はつけない。つけるとしても、保温のためのごく弱火。炒めず、サラダをドレッシングで和えるような感じで。

アーリオ・オーリオ②

Cavolo e acciuga

キャベツとアンチョビ

キャベツの甘みと歯ごたえを味わうパスタ。
アンチョビの旨みが、にんにくの香りと
赤唐辛子の辛みに溶け込む。

材料(2人分)

キャベツ —— 1/8個
アンチョビ —— 2枚
にんにく —— 大2片
赤唐辛子 —— 1本
オリーブオイル —— 大さじ4
スパゲティ —— 160g

作り方

1. キャベツは約2、3cm幅のざく切りにする。芯の部分は薄く削ぐように切る。アンチョビは粗く刻んだあと包丁の腹でつぶし、ペースト状にする。

2. フライパンでにんにくオイル〔p.26 1❶–❹参照〕を作る。途中、にんにくがきつね色になってきたらアンチョビを加え、菜箸などでよく混ぜ、水分をとばす［*a*］。

3. 火を止めてから赤唐辛子を加え、20秒ほどフライパンをゆする。

4. スパゲティの茹で汁(約大さじ4)を少しずつ加えてフライパンをよくゆすり、とろりとしたソースを作る(乳化)。

5. キャベツは、スパゲティの茹で上がる30秒前に鍋に入れ、スパゲティと一緒に茹でる［*b*］。

6. 4に茹で上げたスパゲティとキャベツを加え、和える。

a

b

アーリオ・オーリオ③

Verdure e amani

いろいろ野菜とアマニ

たくさんの野菜をアリオリソースで。
ぜひ旬の野菜を使ってほしい。
アマニの香ばしさは野菜の甘さを引き立てる。

材料(2人分)

かぶ —— 1個

豆類(四角豆、いんげん、薄皮をむいた枝豆、スナップ
　えんどうなど) —— あわせて120g

葉野菜(サラダ用ほうれん草、ルーコラ、春菊、水菜など)
　—— あわせて60g

アマニ —— 大さじ3

にんにく —— 大2片

赤唐辛子 —— 1本

オリーブオイル —— 大さじ4

スパゲティ —— 160g

乳化を助けるアマニ。亜麻という植物の種子でゴマに似ている。もちろん、ゴマで代用しても

作り方

1. かぶは皮をむいて8等分に切る。豆類、葉野菜は食べやすい大きさに切る。
2. フライパンでにんにくと赤唐辛子のオイル〔p.26 1 ❶–❺参照〕を作る。
3. スパゲティの茹で汁（約大さじ4）を少しずつ加えてフライパンをよくゆすり、とろりとしたソースを作る（乳化）。
4. かぶと豆類は、スパゲティの鍋に硬いものから順に入れ、スパゲティと一緒に茹でる。
5. 3に茹で上げたスパゲティと野菜を加え、和える。葉野菜、アマニの順に加え、さっと和える。

アーリオ・オーリオ④

Aglio olio e erbe

香草 アリオリ

ローズマリー・セージ・タイムの香りを
オリーブオイルに封じ込めた。
口に含むと広がる、ハーブの豊かな香りを楽しんで。

材料(2人分)

玉ねぎ —— 1/4個
セロリ —— 1/2本
ローズマリー
　　　 —— 2枝
セージ —— 4枚
タイム —— 2枝
にんにく —— 大2片
赤唐辛子 —— 1本
オリーブオイル
　　　 —— 大さじ4
スパゲティ —— 160g

作り方

1. 玉ねぎは繊維に沿って薄切りにする。セロリは包丁の腹で叩いて筋を断ち、斜め薄切りにする。

2. フライパンでにんにくオイル〔p.26 1❶-❹参照〕を作る。にんにくがきつね色になったらいったん取り出してローズマリー、セージ、タイムを入れ、焦げないよう気をつけながら揚げ[a]、オイルに香りを移す。パリッとしてきたら、香草もいったん取り出す。

3. 火を止めてから赤唐辛子を入れ、20秒ほどゆする。赤唐辛子は取り出しておく。

4. 3を中火にかけ、1を炒める。しんなりとして香りが立ち、ふちが少し色づくぐらいになったら火を止める。
＊あまりいじりすぎず、焼き付けるようにしながら、じっくり炒める。

5. スパゲティの茹で汁(約大さじ4)を少しずつ加えてフライパンをよくゆすり、とろりとしたソースを作る(乳化)。
＊香草の香りを少し弱めたい場合は、茹で汁(や水)を多めに加えてもいい。

6. 5に茹で上げたスパゲティを加え、和える。皿に盛り、好みで2のハーブ、にんにくと赤唐辛子をのせる。

アーリオ・オーリオ⑤

Aglio olio e Funghi Shiitake

しいたけのアリオリ

しいたけは肉厚のものを使うのがおすすめ。
笠の皮をむくと、まるでフレッシュなポルチーニ⁉

材料(2人分)

しいたけ —— 大5個	スパゲティ —— 160g
にんにく —— 大2片	パルミジャーノ(仕上げ用)
赤唐辛子 —— 1本	—— 大さじ2
オリーブオイル —— 大さじ4	オリーブオイル(仕上げ用)
	—— 大さじ1

作り方

1. しいたけは笠の皮を薄くむき [*a*]、6等分に切る。石突きは薄切りにする。

    *全体を白っぽく仕上げるため笠の皮をむいたが、味や香りはほとんど変わらないのでそのままでもいい。

2. フライパンでにんにくと赤唐辛子のオイル[p.26 1❶–❺参照]を作る。にんにくと赤唐辛子は取り出しておく。

3. 2を中火にかけ、しいたけの石突き、笠の順に炒めて火を止める。

4. スパゲティの茹で汁(約大さじ4)を少しずつ加えてフライパンをよくゆすり、とろりとしたソースを作る(乳化)。

5. 4に茹で上げたスパゲティ、仕上げのパルミジャーノとオリーブオイル、好みでにんにくと赤唐辛子を加え、和える。

    *パルミジャーノが乳化を助ける。

a

アーリオ・オーリオ⑥

Aglio olio e cipolla

とろとろ玉ねぎのせ

玉ねぎは必ずとろとろになるまでしっかり加熱して。
甘くなった玉ねぎとめんつゆソースがベストマッチな和風パスタ。

材料(2人分)

玉ねぎ —— 大2個
にんにく —— 大2片
赤唐辛子 —— 1本
オリーブオイル —— 大さじ4
市販のめんつゆ(3倍濃縮)
　　—— 大さじ4
スパゲティ —— 160g
イタリアンパセリ —— 適量

作り方

1. 玉ねぎは皮をむいて上下を切り落とし、上半分に十字に切り込みを入れる。耐熱皿にのせてラップをかけ[*a*]、電子レンジ(600W)で約6分加熱する[*b*]。
   ＊様子を見ながら、玉ねぎがしなっとして柔らかくなるまで電子レンジにかける。

2. フライパンでにんにくと赤唐辛子のオイル〔p.26 1 ❶–❺参照〕を作る。にんにくと赤唐辛子は取り出しておく。

3. 2を中火にかけ、めんつゆを少しずつ加えてフライパンをよくゆすり、とろりとしたソースを作る(乳化)。

4. 3に茹で上げたスパゲティを加え、和える。皿に盛り、1の玉ねぎをのせ、イタリアンパセリの葉を飾る。

アーリオ・オーリオ⑦

Aglio olio e pomodoro fresco

くたくたトマトのせ

フレッシュトマトの繊細な香りと旨みをパスタにとじ込めた。
トマトから出るおいしいジュースがソースの要。

材料(2人分)

トマト —— 大2個	オリーブオイル —— 大さじ4
にんにく —— 大2片	無塩バター —— 15g
赤唐辛子 —— 1本	スパゲティ —— 160g
	ホワイトセロリの葉 —— 2枚

作り方

1. トマトはへたを除く。丸のまま耐熱皿にのせてラップをかけ、電子レンジ(600W)で約5分加熱する。
   *様子を見ながら、トマトがくたくたに柔らかくなるまで電子レンジにかける。

2. フライパンでにんにくと赤唐辛子のオイル[p.26 1 ❶–❺参照]を作る。にんにくと赤唐辛子は取り出しておく。

3. 2に1のトマトから出た水分を加える[*a*]。強火にかけ、フライパンをゆすりながら水分を飛ばし、トマトの旨みを凝縮させる。煮詰まったら火を止めてフライパンを冷ます。

4. スパゲティの茹で汁(約大さじ4)を少しずつ加えてフライパンをよくゆする。無塩バターも加え溶かし、とろりとしたソースを作る(乳化)。
   *バターが乳化を助ける。

5. 4に茹で上げたスパゲティを加え、和える。皿に盛り、1のトマトをのせ、ホワイトセロリの葉を飾る。

アーリオ・オーリオ⑧

Bottarga e mizuna

水菜とからすみ

ボラの卵巣で、イタリア同様
日本でも作られているからすみは、
アリオリソースの乳化を助ける。
水菜と合わせてさっぱりと。

材料(2人分)

水菜 —— 約1/4袋
からすみ(粉末) —— 大さじ3
にんにく —— 大2片
赤唐辛子 —— 1本
オリーブオイル —— 大さじ4
スパゲティ —— 160g

作り方

1. 水菜は5cm長さのざく切りにする。
2. フライパンでにんにくと赤唐辛子のオイル[p.26 1❶-❺参照]を作る。
3. スパゲティの茹で汁(約大さじ4)を少しずつ加えてフライパンをよくゆすり、とろりとしたソースを作る(乳化)。
4. 3に茹で上げたスパゲティとからすみ(大さじ2)を加え、和える。水菜も加え、さっと和える。皿に盛り、からすみ(大さじ1)を散らす。

＊からすみが乳化を助ける。

BASIC

II. トマトソース

トマトソースはホールトマトを使って作るのが
おすすめ。
酸味と甘みのバランスが安定しているので、
しっかりした味にまとまる。
いろいろな作り方があるけれど、
ホールトマトをただただ煮詰めていく、
1番シンプルな方法を紹介しよう。
じっくり煮詰めることでトマトの旨みとコクが
ぎゅっと凝縮され、それだけで極上のソース
になる。

トマトソース①（基本）

Pomodoro

ポモドーロ

基本のトマトソースをパスタにからめた、
シンプルなひと皿。
トマトの酸味と旨みをじっくり味わおう。

材料(2人分)

ホールトマト ── 1缶(約400g)
オリーブオイル ── 大さじ1と1/2
塩 ── 小さじ1/3
スパゲティ ── 160g
パルミジャーノ(仕上げ用)
　── 大さじ3
オリーブオイル(仕上げ用)
　── 大さじ1

作り方

1. **トマトソース**を作る。

    ❶ホールトマトをボウルに入れ、手でつぶす。硬い芯は気になるようなら取り除く［*a*］。

    ❷フライパンにオリーブオイルを入れ、強めの中火にかけ、あたたまったら❶を加える［*b*］。

    ❸フライパンをゆすりながら、水分を蒸発させるように煮詰めていく。木べらでつぶすようにして、途中で塩を加える［*c*］。

    ❹約2/3量に煮詰まり、とろっとした状態になったら、トマトソースの完成［*d*］。

2. 1に茹で上げたスパゲティの水気をよく切って加え［*e*］、和える。仕上げのパルミジャーノとオリーブオイルも加え、和える。

    ＊ソースとパスタを和えるとき、火はつけない。つけるとしても、保温のためのごく弱火。炒めず、サラダをドレッシングで和えるような感じで。

こびりつきは時々ゴムべらでこそげる

トマトソース②

Lattuga e basilico

レタスとバジリコ

トマトソースに、レタスとバジリコの爽やかな風味を添えた。
レタスの歯ごたえも新鮮にマッチする。

材料(2人分)

ホールトマト —— 1缶(約400g)

オリーブオイル —— 大さじ1と1/2

塩 —— 小さじ1/3

レタス —— 4、5枚

バジリコ —— 6、7枚+飾り用

スパゲティ —— 160g

パルミジャーノ(仕上げ用) —— 大さじ3

オリーブオイル(仕上げ用) —— 大さじ1

作り方

1. フライパンでトマトソース[p.46 1参照]を作る。

2. レタスは約3cm幅のざく切りにする。

3. レタスはスパゲティの茹で上がる30秒ほど前に鍋に加え、スパゲティと一緒に茹でる。

4. 1に茹で上げたスパゲティとレタス、手でちぎったバジリコ、仕上げのパルミジャーノとオリーブオイルを加え、和える。

5. 皿に盛り、バジリコを飾る。

トマトソース③

All'arrabbiata con patate

じゃがいも入りアラビアータ

じゃがいものしゃきしゃきした歯ざわりがアクセント。
辛いアラビアータを少しだけやさしくする。

材料(2人分)

じゃがいも —— 大1個
にんにく —— 大2片
赤唐辛子 —— 2本
オリーブオイル —— 大さじ4
ホールトマト —— 1缶(約400g)
塩 —— 小さじ1/3

スパゲティ —— 160g
オリーブオイル(仕上げ用)
　　　—— 大さじ1
イタリアンパセリ(粗みじん)
　　　—— 大さじ2

作り方

1. じゃがいもは皮をむき、チーズおろしの大きな穴のところでおろす [*a*]。

2. フライパンでにんにくと赤唐辛子のオイル〔p.26 1 ❶-❺ 参照〕を作る。にんにくと赤唐辛子はいったん取り出す。

3. 2を中火にかけ、1のじゃがいもを炒める。じゃがいもにさっと火が通ったら、手でつぶしたホールトマト、塩を加え、約2/3量になるまで煮詰める。

4. 3に茹で上げたスパゲティ、仕上げのオリーブオイルを加え、和える。

5. 皿に盛り、好みでにんにくと赤唐辛子をのせ、イタリアンパセリを散らす。

チーズおろしがなければ、包丁で薄い細切りにする

トマトソース④

Boscaiola

きのこ、玉ねぎ、オリーブ、ツナ

きのこの香り、玉ねぎの香ばしさ、
ケイパー、オリーブの風味があわさった
具だくさんな木こり風スパゲティ。

材料(2人分)

ホールトマト —— 1缶(約400g)
玉ねぎ —— 1/4個
きのこ(しめじ、しいたけ、マッシュルーム、まいたけなど)
　　　 —— あわせて約350g
ブラックオリーブ(種なし) —— 3粒
グリーンオリーブ(種なし) —— 3粒
ケイパー —— 約20粒
ツナ(ソリッドタイプ)
　　　 —— 1缶(約120g)

オリーブオイル —— 大さじ3
塩 —— 小さじ1/3
粗挽き黒こしょう —— 少々
スパゲティ —— 160g
パルミジャーノ(仕上げ用)
　　　 —— 大さじ3
オリーブオイル(仕上げ用)
　　　 —— 大さじ1
イタリアンパセリ(粗みじん)
　　　 —— 大さじ2

作り方

1. 玉ねぎは繊維に沿って薄切りにする。しいたけとマッシュルームは薄切り、しめじとまいたけは手で小さくさく。オリーブとケイパーは包丁の腹でつぶしてから粗みじんに切る。

2. フライパンにオリーブオイルを入れ、中火で玉ねぎを炒める。香ばしい香りがしてきたら、オリーブとケイパーを加える。きのこも加え [*a*]、しばらく炒めたら、塩をする。

3. きのこがしんなりしてきたら、手でつぶしたホールトマトを加え、煮詰めていく。

4. 約2/3量に煮詰まったら黒こしょうをふり、ツナを汁ごと加える。

5. 4に茹で上げたスパゲティ、仕上げのパルミジャーノとオリーブオイルを加え、和える。皿に盛り、イタリアンパセリを散らす。

a

トマトソース⑤

Puttanesca e cetriolo

きゅうり入りプッタネスカ

オリーブ、ケイパー、アンチョビの
伝統的なナポリ風トマトソースに、きゅうりが爽やかさを添える。

作り方

1. きゅうりはピーラーで皮をむき、縦半分に切って種を取り、約1cm幅の斜め切りにする。オリーブとケイパーは包丁の腹でつぶしてから粗みじんに切る。アンチョビは粗く刻んだあと包丁の腹でつぶし、ペースト状にする。

2. フライパンでにんにくと赤唐辛子のオイル〔p.26 ❶−❺参照〕を作る。にんにくと赤唐辛子は取り出しておく。

3. 2を中火にかけ、ケイパーとアンチョビを炒める。オリーブ、イタリアンパセリ(大さじ1)、きゅうりの順に加え、さっと炒める。

4. 3に手でつぶしたホールトマト、塩を加え、約2/3量になるまで煮詰める。

5. 4に茹で上げたスパゲティを加え、和える。

6. 皿に盛り、イタリアンパセリ(大さじ1)を散らす。

材料(2人分)

- きゅうり —— 1本
- アンチョビ —— 2枚
- ケイパー —— 約20粒
- ブラックオリーブ(種なし) —— 5粒
- グリーンオリーブ(種なし) —— 5粒
- にんにく —— 大2片
- 赤唐辛子 —— 1本
- オリーブオイル —— 大さじ4
- ホールトマト —— 1缶(約400g)
- 塩 —— 小さじ1/3
- イタリアンパセリ(粗みじん) —— 大さじ2
- スパゲティ —— 160g

トマトソース⑥

Ragu di Verdure

野菜のラグー

ひき肉を使わずに、野菜だけで作るラグー。
肉はいっさい入っていないけど、
複雑な風味とコクが感じられるひと皿。
香味野菜や根菜の力強い風味がひとつになったおいしさ。

材料(作りやすい分量)

- 玉ねぎ —— 100g
- にんじん —— 50g
- セロリ —— 50g
- 茹でたけのこ —— 100g
- 細ごぼう —— 10cm
- マッシュルーム —— 3個
- しいたけ —— 3個
- 大根 —— 50g
- グリーンアスパラガス —— 2本
- いんげん —— 6本
- 赤ワイン —— 250cc
- ローリエ —— 1枚
- オリーブオイル —— 大さじ3
- ホールトマト —— 1缶(約400g)
- 塩 —— 小さじ1/2
- 粗挽き黒こしょう —— 少々
- スパゲティ —— 160g
- パルミジャーノ(仕上げ用) —— 大さじ3
- 無塩バター(仕上げ用) —— 大さじ1

作り方

1. 玉ねぎ、にんじん、セロリ、茹でたけのこ、細ごぼう、マッシュルーム、しいたけ、大根は約3mm角に切る[a]。

2. アスパラガスは4cm長さに切り、縦半分に切る。

3. 鍋にオリーブオイルを入れ、玉ねぎ、にんじん、セロリを中火でじっくり炒める[b]。しっかり炒めたら、1の残りの野菜を加え、さらに炒める。鍋底が少し焦げつくぐらい、こんがり炒める。

4. 赤ワインを加えて強火にする。ローリエも加え、あまりかき混ぜずに、水分を飛ばしていく。最初ぐつぐつしていた音がシャーシャーと変わり、しばらくしてパチパチとしてきたら、水分がなくなったサイン[c]。

5. 手でつぶしたホールトマト、塩、黒こしょうを加えて弱火にし、さらに煮詰めていく。どろりと煮詰まったら、火を止める。

   ＊煮詰めてから、1度冷ますと旨みが増す。

6. アスパラガスといんげんはスパゲティが茹で上がる約2分前に鍋に加え、スパゲティと一緒に茹でる。

7. フライパンで5のラグー（約お玉3杯分）を弱火であたため、茹で上げたスパゲティと野菜、仕上げのパルミジャーノ、無塩バターを加え、和える。

玉ねぎ、セロリ、茹でたけのこ、ごぼう、しいたけ。この5種類が、旨みと香りを決める要の野菜

まず、玉ねぎ、にんじん、セロリをじっくり炒め、ソフリット(イタリア流野菜だしのもと)を作る

トマトソース⑦

alla Caprese con spuma di mascarpone

フレッシュトマトとモッツァレラ、バジリコ マスカルポーネムースのせ

トマト缶を使わずに、プチトマトを煮詰めて作るフレッシュなソース。
マスカルポーネムースのコクが
フレッシュトマトの酸味をやさしく包む。

材料(2人分)

プチトマト —— 250g

にんにく —— 大1片

オリーブオイル —— 大さじ4

塩 —— 小さじ1/3

粗挽き黒こしょう —— 少々

バジリコ —— 3、4枚+飾り用

モッツァレラチーズ —— 80g

スパゲティ —— 160g

パルミジャーノ(仕上げ用) —— 大さじ3

マスカルポーネムース(仕上げ用) —— 適量

作り方

1. プチトマトは湯むきして半分に切る。

2. フライパンでにんにくオイル〔p.26 1 ❶−❹参照〕を作る。にんにくは取り出しておく。

3. 2を強火にかけ、プチトマトを炒める。塩を加え、フライパンをゆすりながら、木べらでつぶすようにして、水分を飛ばすように炒める〔*a*〕。
   *トマトに火が入りやすいので注意する。火が入ると焦げた香りがついてしまう。

4. 煮詰まってきたら水（約50cc）を加えてフライパンをよくゆすり、とろりとしたソースを作る（乳化）。仕上げに黒こしょうを加える〔*b*〕。

5. 4に茹で上げたスパゲティ、手でちぎったバジリコ、モッツァレラ、仕上げのパルミジャーノを加え、和える。

6. 皿に盛り、マスカルポーネムースをスプーンで大きくすくってのせ、バジリコを飾る。
   *プチトマトのかわりにフルーツトマトを使ってもいい。

a

b

〈マスカルポーネムース〉

材料(作りやすい分量)

生クリーム(乳脂肪分35%)―200cc

マスカルポーネチーズ―100g

作り方

1. マスカルポーネはゴムべらで柔らかく練る。

2. 生クリームは、氷水にあてながら泡立て器で泡立てる。マスカルポーネを少しずつ加え混ぜる。

3. クリーム状(8分立て)になるまでしっかり泡立てる。

   *ムースは、クリームソースや野菜のラグーのパスタにトッピングしても合う。ムースに、玉ねぎやセロリ、イタリアンパセリ、バジリコを刻んで加えても。ステーキの上にのせて、レモンを搾ってもおいしいし、アイスクリームに添えてもいい。料理を上品に引き立てるのが得意なムース。

BASIC

Ⅲ.クリームソース

生クリームと牛乳を煮詰めて作る、
白く濃厚なクリームソース。
生クリームと牛乳の割合はお好みで。
こっくりにもあっさりにも仕上がる。
クリーム系ソースには、白菜や玉ねぎ、
かぼちゃなど、甘さのある野菜がよくあう。

クリーム①（基本）

Panna e parmigiano

パンナ・パルミジャーノ

煮詰めたパンナ（生クリーム）にパスタをからめ、
パルミジャーノとバターで仕上げる。
シンプルだけど、これだけで十分においしい。

材料(2人分)

生クリーム（乳脂肪分35%） —— 300cc

牛乳 —— 50cc

塩 —— 小さじ1/4

粗挽き白こしょう —— 少々

スパゲティ —— 160g

パルミジャーノ（仕上げ用） —— 大さじ3

無塩バター（仕上げ用） —— 20g

a

b

ふちのこびりつきは時々ゴムべらでこそげる

作り方

1. フライパンに生クリームと牛乳を入れて強火にかける。煮立ったら中火にして、ふきこぼれないように注意しながら、約2/3量になるまで煮詰めていく [*a*]。

2. 途中、塩と白しょうを加え [*b*]、ゆるめのクリーム状になるまで煮詰める。
   ＊仕上げにパルミジャーノと無塩バターを加えるので、ここではゆるいぐらいでOK。

3. 2に茹で上げたスパゲティの水気をよく切って加え [*c*]、和える。仕上げのパルミジャーノと無塩バターも加え [*d*]、和える。
   ＊ソースとパスタを和えるとき、火はつけない。つけるとしても、保温のためのごく弱火。炒めず、サラダをドレッシングで和えるような感じで。
   ＊30秒ほど早くスパゲティをあげて、パンナソースで少し煮込んでもいい。

クリーム②

Panna e porri

白ねぎのクリーム

ていねいに炒めたねぎの甘みが
クリームソースに溶けてやさしい味わいに。
真っ白なソースに、煮詰めたバルサミコ酢で
アクセントをつける。

材料(2人分)

ねぎ(白い部分) —— 1本分	スパゲティ —— 160g
オリーブオイル —— 大さじ2	パルミジャーノ(仕上げ用)
無塩バター —— 10g	—— 大さじ3
生クリーム(乳脂肪分35%)	無塩バター (仕上げ用)
—— 300cc	—— 20g
牛乳 —— 50cc	芽ねぎ —— 適量
塩 —— 小さじ1/4	煮詰めたバルサミコ酢(仕上げ用)
粗挽き白こしょう —— 少々	—— 大さじ2

作り方

1. ねぎは斜め薄切りにする。

2. フライパンにオリーブオイルとバターを入れて中火にかけ、**1**を焦がさないようにしんなりするまで炒める。

3. **2**に生クリーム、牛乳、塩、白こしょうを加え、ゆるめのクリーム状になるまで煮詰める。

4. **3**に茹で上げたスパゲティ、仕上げのパルミジャーノと無塩バターを加え、和える。

5. **4**を皿に盛って芽ねぎをのせ、煮詰めたバルサミコ酢を円を描くようにかける。

クリーム③

Panna panchetta e hakusai

白菜とベーコン

ベーコンの塩気と脂がクリームに溶けてコクを出す。
甘い白菜とも相性ばつぐん。

材料(2人分)

白菜 —— 300g
ベーコン(スライス) —— 120g
オリーブオイル —— 大さじ3
生クリーム(乳脂肪分35%)
　　—— 300cc
牛乳 —— 50cc
塩 —— ひとつまみ
粗挽き白こしょう —— 少々
スパゲティ —— 160g
パルミジャーノ(仕上げ用)
　　—— 大さじ3
無塩バター(仕上げ用)
　　—— 20g

作り方

1. 白菜の葉はざく切り、芯の部分は薄く削ぐように切る。ベーコンは1cm幅に切る。

2. フライパンにオリーブオイルを中火であたため、ベーコンを入れ、少し香ばしい香りがするまで炒める。

3. 2に生クリーム [*a*]、牛乳、塩、白こしょうを加え、ゆるめのクリーム状になるまで煮詰める。

4. 白菜の芯はスパゲティが茹で上がる1分30秒前、葉は1分前に鍋に加え、スパゲティと一緒に茹でる。

5. 3に茹で上げたスパゲティと白菜、仕上げのパルミジャーノと無塩バターを加え、和える。

クリーム④

Salsa alla minosse

ホワイトアスパラガスとエビの
ウスターケチャップ風味

ウスターソースとケチャップ、みんなの大好きな組み合わせを
クリームソースの隠し味に。子どもも喜ぶ味。

材料(2人分)

ホワイトアスパラガス —— 4本	ケチャップ —— 小さじ2
マッシュルーム —— 8個	生クリーム(乳脂肪分35%) —— 300cc
むきエビ —— 24尾	牛乳 —— 50cc
塩 —— 少々	粗挽き白しょう —— 少々
にんにく(スライス) —— 1片分	スパゲティ —— 160g
オリーブオイル —— 大さじ3	パルミジャーノ(仕上げ用) —— 大さじ3
白ワイン —— 60cc	無塩バター(仕上げ用) —— 20g
ウスターソース —— 小さじ2	万能ねぎ(小口切り) —— 大さじ2

作り方

1. むきエビは塩をして、下味をつける。

2. ホワイトアスパラガスは斜め切り、マッシュルームは薄切りにする。

3. フライパンにオリーブオイルとにんにくを入れ、弱火であたためる。

4. にんにくの香りが立ったらエビを加えてさっと炒める。エビの色が変わったら、1度火からおろして白ワインを加え、再び火にかけてフライパンをゆすり、白ワインが煮詰まったらエビをいったん取り出す。

5. 4にウスターソース、ケチャップ、生クリーム、牛乳、マッシュルーム、白しょうを加え、ゆるめのクリーム状になるまで煮詰める。
   *ウスターソースとケチャップをさっと炒めて香りを立たせてから生クリームを加えるとよりおいしい。その場合は焦げやすいので注意する。

6. ホワイトアスパラガスは、スパゲティが茹で上がる2分前に鍋に加え、スパゲティと一緒に茹でる。

7. 5にエビを戻し、茹で上げたスパゲティとアスパラガス、仕上げのパルミジャーノと無塩バターを加え、和える。

8. 皿に盛り、万能ねぎを散らす。

クリーム⑤

Panna cipolla patate e cavolfiore

玉ねぎ、じゃがいも、カリフラワー

白い野菜ばかりをあつめてクリームソースに。
白く仕上げたいから、
玉ねぎはくれぐれも焦がさないように。

材料(2人分)

玉ねぎ —— 1/4個	牛乳 —— 50cc
じゃがいも —— 2個	塩 —— 小さじ1/4
カリフラワー —— 1/4株	粗挽き白こしょう —— 少々
オリーブオイル —— 大さじ4	スパゲティ —— 160g
生クリーム(乳脂肪分35%) —— 300cc	パルミジャーノ(仕上げ用) —— 大さじ3
	無塩バター(仕上げ用) —— 20g

作り方

1. 玉ねぎは繊維に沿って薄切りにする。じゃがいもは3mm幅のいちょう切り、カリフラワーは3mm幅に切る。

2. フライパンにオリーブオイルを入れて中火にかけ、玉ねぎを焦がさないように炒める。玉ねぎが透き通ってしんなりしてきたら、生クリーム、牛乳、塩、白こしょうを加え、ゆるめのクリーム状になるまで煮詰める。

3. じゃがいもとカリフラワーは、スパゲティが茹で上がる2分前に鍋に入れ、スパゲティと一緒に茹でる。

4. 2に茹で上げたスパゲティと野菜、仕上げのパルミジャーノと無塩バターを加え、和える。

クリーム⑥

Panna zucca e spinaci

かぼちゃとほうれん草

柔らかく茹でたかぼちゃが溶けて、
ほんのり黄色のクリームソースに。
にんにくオイルで炒めた
ほうれん草とはベストコンビ。

材料(2人分)

かぼちゃ —— 1/6個
ほうれん草 —— 120g
にんにく(みじん切り) —— 小1片分
オリーブオイル —— 大さじ4
無塩バター —— 10g
生クリーム(乳脂肪分35%)
    —— 300cc
牛乳 —— 50cc

塩 —— 小さじ1/4
粗挽き白こしょう —— 少々
ファルファッレ —— 120g
パルミジャーノ(仕上げ用)
    —— 大さじ3
無塩バター(仕上げ用)
    —— 20g

作り方

1. かぼちゃは皮を取り除き、3mm幅の薄切りにする。ほうれん草はさっと茹でて1cm長さに切る。

2. フライパンにオリーブオイルとバター、にんにくを入れ、弱火であたためる。にんにくの香りが立ったら、ほうれん草を加えて炒める。

3. 生クリーム、牛乳、塩、白こしょうを加え、ゆるめのクリーム状になるまで煮詰める。

4. かぼちゃは、ファルファッレが茹で上がる3分前に鍋に入れ、ファルファッレと一緒に茹でる。

5. 3に茹で上げたファルファッレとかぼちゃ、仕上げのパルミジャーノ、無塩バターを加え、和える。

クリーム⑦

Panna e daikon
大根のみぞれクリーム

大根おろしをパンナで煮た新しい試みのソース。
大根の風味とクリームが見事にあわさって、
ひとつになっている。

材料(2人分)

大根 —— 3cm

大根おろし —— 200g

大根の葉 —— 適量

生クリーム(乳脂肪分35%) —— 250cc

牛乳 —— 50cc

オリーブオイル —— 大さじ4

塩 —— 小さじ1/4

スパゲティ —— 160g

パルミジャーノ(仕上げ用) —— 大さじ3

無塩バター(仕上げ用) —— 20g

作り方

1. 大根は3mm厚さのいちょう切りにする。大根の葉はざく切りにする。

2. フライパンにオリーブオイル、大根おろしを入れて中火にかける。焦がさないように気をつけながらフライパンをゆすって水分を飛ばす。

3. 2に生クリーム、牛乳、塩を加え、ゆるめのクリーム状になるまで煮詰める。

4. 大根と大根の葉はスパゲティの茹で上がる2分前に鍋に入れ、スパゲティと一緒に茹でる。

5. 3に茹で上げたスパゲティと大根、大根の葉、仕上げのパルミジャーノ、無塩バターを加え、和える。

クリーム⑧

Salsa al limone e chingensai

チンゲンサイ入りレモンクリーム

レモンクリームは、生クリームで作ると
レモンの酸でソースが分離してしまうので
ベシャメル(小麦粉)で作る。チンゲンサイで清涼感をプラス。

材料(2人分)

ミニチンゲンサイ —— 3株
レモンの搾汁 —— 大さじ4
レモンの皮のすりおろし —— 1/2個分
無塩バター —— 40g
小麦粉 —— 大さじ3
牛乳 —— 360cc
塩 —— 小さじ1/4
粗挽き白こしょう —— 少々
スパゲティ —— 160g
パルミジャーノ(仕上げ用) — 大さじ3
無塩バター(仕上げ用) — 20g

作り方

1. ミニチンゲンサイは8つ割りに切る。

2. ベシャメルソースを作る。フライパンに無塩バターを入れ、弱火にかけて溶かす。ごく弱火にして小麦粉を加え、木べらで混ぜながら1分ほど炒める。1度火を止め、冷たい牛乳の1/3量を加え [*a*]、手早くのばす。再び弱火にかけ、残りの牛乳を少しずつ加えながら混ぜ、なめらかなクリーム状のソースを作る。

   *だまにならないために、必ず冷たい牛乳でのばすこと。ルゥが熱いときは冷たい牛乳を、ルゥが冷たいときは熱い牛乳を加えると、だまにならない。

3. 2に、塩、白こしょう、レモン汁、レモンの皮のすりおろし（1/2量）を加え [*b*]、混ぜる。

4. ミニチンゲンサイはスパゲティが茹で上がる1分前に鍋に入れ、スパゲティと一緒に茹でる。

5. 3に茹で上げたスパゲティとミニチンゲンサイ、仕上げのパルミジャーノ、無塩バターを加え、和える。

6. 皿に盛り、残りのレモンの皮のすりおろしをかける。

BASIC

Ⅳ.バター

焦がしバターの香りが命のソース。
フランスでの修業帰り、
イタリアに立ち寄ったときに食べた
「ブーロ・エ・パルミジャーノ(バターパルミジャーノ)」に衝撃を受け、
イタリアン転向のきっかけになった。
バターベースのパスタといったら、
日本ではたらこパスタがおなじみだけど、
イタリアでは
アーリオ・オーリオよりも一般的な存在。

バター①(基本)

Burro e parmigiano

バター・パルミジャーノ

バターの香りとパルミジャーノのコク。
噛みしめるごとに旨みを感じる、
シンプルだけど侮れないパスタ。
イタリア人にとっては、
日本の「白いご飯」のような存在かな。

材料(2人分)

無塩バター —— 40g

スパゲティ —— 160g

パルミジャーノ(仕上げ用) —— 大さじ2

粗挽き白こしょう —— 少々

a

b

作り方

1. フライパンに無塩バターを入れ、中火で溶かす[*a*]。
2. 香ばしい香りが出てきて、茶色く焦げすぎる寸前に火を止め、すぐにスパゲティの茹で汁(約大さじ4)を加えて溶きのばす[*b*]。
   *焦げの進行を止めるため、すばやく茹で汁を加える。
3. フライパンをよくゆすり、とろりとしたソースを作る(乳化)。
4. 茹で上げたスパゲティの水気をよく切って加え[*c*]、和える。
5. 白こしょう、仕上げのパルミジャーノを加え、和える[*d*]。
   *ソースとパスタを和えるとき、火はつけない。つけるとしても、保温のためのごく弱火。炒めず、サラダをドレッシングで和えるような感じで。

ソースとパスタを和えたとき、余分なオイルや水分が残らない状態がベストな仕上がり

バター②

Burro e parmigiano con patate dolce al gorgonzola

さつまいもとゴルゴンゾーラ

さつまいもの甘みとゴルゴンゾーラの塩気が絶妙の組み合わせ。
ゴルゴンゾーラのはじの硬いところは
旨みになるから捨てずに加えて。

材料(2人分)

さつまいも ── 120g

ゴルゴンゾーラ ── 80g

無塩バター ── 40g

スパゲティ ── 160g

パルミジャーノ(仕上げ用) ── 大さじ2

作り方

1. さつまいもは皮付きのまま、1cm角に切る。ゴルゴンゾーラも1cm角に切る。

2. フライパンに無塩バターを入れ、中火で溶かす。

3. 香ばしい香りが出てきて、茶色く焦げすぎる寸前に火を止め、水(約大さじ4)を加えて溶きのばす。

＊ゴルゴンゾーラの塩気がソースに加わるため、ここではスパゲティの茹で汁ではなく水を加える。

4. フライパンをよくゆすり、とろりとしたソースを作る(乳化)。

5. さつまいもはスパゲティとほぼ同時に鍋に入れ、スパゲティと一緒に茹でる。

6. 4に、茹で上げたスパゲティとさつまいも、ゴルゴンゾーラ、仕上げのパルミジャーノを加え、和える。

＊ゴルゴンゾーラは全部溶けなくても。たまに塊があるぐらいがおいしい。

バター③

Burro e parmigiano e shiso

大葉とパセリ

日本のハーブ、大葉や穂じその香りを焦がしバターに移して。
しその繊細な香りと、パセリの清涼感が、口にふわっと広がる。

材料(2人分)

大葉 —— 15枚
穂じそ —— 大4本
にんにく —— 1片
無塩バター —— 40g

スパゲティ —— 160g
パセリ(みじん切り) —— 小さじ2
パルミジャーノ(仕上げ用) —— 大さじ2

作り方

1. 大葉は粗みじんに切る。にんにくは細かいみじん切り。穂じそは枝から実をこそげ、包丁の腹でつぶす。

2. フライパンに無塩バターとにんにくを入れ、中火にかける。
   ＊焦げやすいので注意する。

3. バターが色づいてきたら火を止めて穂じそを加え、フライパンをゆすって穂じその香りをバターに移す [*a*]。

4. スパゲティの茹で汁(約大さじ4)を加え、フライパンをよくゆすり、とろりとしたソースを作る(乳化)。

5. 4に茹で上げたスパゲティ、大葉、パセリ、仕上げのパルミジャーノを加え、和える。

バター④

Burro e parmigiano coi funghi misti

いろいろきのこ

きのこは手でさくことで香りがしっかり立つ。
焦がしバターを吸い込んだきのこがジューシーなおいしさ。

材料(2人分)

きのこ(しいたけ、まいたけ、しめじ、マッシュルームなど)
　—— あわせて250g
無塩バター —— 大さじ2
塩 —— ふたつまみ
粗挽き白こしょう —— 少々

スパゲティ —— 160g
パルミジャーノ(仕上げ用)
　—— 大さじ2
イタリアンパセリ(粗みじん)
　—— 大さじ2

作り方

1. きのこは手で一口大の大きさに裂く。
2. フライパンに中火でバター(大さじ1)を溶かし、きのこを炒める。途中で塩をして、さっと炒まったところでバター(大さじ1)を足し、さらに炒めて火を止める。
3. 2に、スパゲティの茹で汁(約大さじ4)を加え、フライパンをよくゆすり、とろりとさせる(乳化)。白こしょうで味をととのえる。
4. 3に茹で上げたスパゲティ、仕上げのパルミジャーノを加え、和える。
5. 皿に盛り、イタリアンパセリを散らす。

バター⑤

Burro e parmigiano con broccoli e curry

ブロッコリーのカレーバター風味

カレー粉をこしょうがわりのスパイスとして使ったひと皿。
焦がしバターに溶かして、スパイシーなバターソースに。

材料(2人分)

ブロッコリー ── 1/4株	スパゲティ ── 160g
ラディッシュ ── 2個	すりごま ── 大さじ2
無塩バター ── 40g	パルミジャーノ(仕上げ用) ── 大さじ2
カレー粉 ── 小さじ1/4	

作り方

1. ブロッコリーは小房に分ける。ラディッシュは薄切りにして氷水にさらす。
2. フライパンに中火でバターを溶かし、少し色づいてきたところでカレー粉を加え [*a*]、さっと炒めて火を止める。
3. スパゲティの茹で汁(約大さじ4)を加えて溶きのばし、フライパンをよくゆすり、とろりとしたソースを作る(乳化)。
4. ブロッコリーは、スパゲティの茹で上がる1分30秒〜2分前に鍋に入れ、スパゲティと一緒に茹でる。
5. 3に、茹で上げたスパゲティとブロッコリー、仕上げのパルミジャーノ、すりごまを加え、和える。
6. 皿に盛り、1のラディッシュを散らす。

a

V. 野菜ペースト

野菜をペーストにして
パスタソースに仕上げよう。
野菜の風味が強く感じられるパスタになる。
ペーストにすることで、
野菜もいつもと違った表情を見せるし、
パスタの可能性もうんと広がる。

野菜ペースト①（基本）

Genovese

ジェノベーゼ

イタリアでペスト（ペースト）といえば、
ジェノベーゼのこと。
あわせる野菜は、じゃがいもといんげんが定番。

材料(2人分)

ジェノベーゼペースト(p.100) じゃがいも —— 大1個
　—— 120g　　　　　　　　いんげん —— 40g
　　　　　　　　　　　　　スパゲティ —— 160g

作り方

1. じゃがいもはマッチ棒ぐらいの大きさに切る。いんげんは約5cm長さに切る。

2. フライパンにジェノベーゼペーストを入れ、スパゲティの茹で汁（約大さじ3）でなめらかに溶きのばす [*a*]。

   ＊加熱するとバジリコの葉が変色するので火は入れない。

   ＊加える茹で汁の量は目安。ソースに塩分が足りていれば少なめに、足りなければ多めに加える。茹で汁で全体の塩分を調整する。塩分が強すぎたら水を加えてもいい。

   ＊オイルが足りないと感じたら、ここでオイルを足してもいい。

3. じゃがいもといんげんは、スパゲティが茹で上がる1分30秒前に鍋に入れ、スパゲティと一緒に茹でる。

4. 2に茹で上げたスパゲティ、じゃがいも、いんげんの水気をよく切って加え、和える [*b*]。

   ＊ソースとパスタを和えるとき、火はつけない。つけるとしても、保温のためのごく弱火。炒めず、サラダをドレッシングで和えるような感じで。

   ＊仕上げに、好みでパルミジャーノ（1人前につき、小さじ1程度）を加えても。

a

b

〈ジェノベーゼペースト〉

材料(作りやすい分量)

バジリコ——40g

にんにく——小1片

松の実 ——50g

パルミジャーノ——30g

オリーブオイル——大さじ4

塩——小さじ1/3

粗挽き白こしょう——少々

作り方

1. バジリコは葉と茎に分け、茎は粗く刻む。にんにくは手や包丁の腹でつぶし、皮を除く。
2. 1とそのほかの材料をフードプロセッサーにかけてペースト状にする [*i-ii*]。

   *好みの状態までフードプロセッサーにかけるが、粗めがおすすめ。

   *余ったジェノベーゼは、焼いた肉や魚のソースにしてもおいしい。

i

ii

野菜ペースト②

Genovese e verdure croccante

ジェノベーゼのパリパリパスタ

ジェノベーゼの濃厚な味と香りには、アンディーブや水菜、もやしといった、しゃきしゃきした野菜もよくあう。

材料(2人分)

ジェノベーゼペースト(p.100) —— 120g
水菜(茎の部分) —— 60g
アンディーブ —— 6枚
もやし —— 60g
スパゲティ —— 160g

作り方

1. 水菜は4cm長さに切る。アンディーブは縦に細長く切る。もやしは根と芽を取る。

2. フライパンにジェノベーゼペーストを入れ、スパゲティの茹で汁(約大さじ3)でなめらかに溶きのばす。

3. もやしは、スパゲティが茹で上がる30秒前に鍋に入れ、スパゲティと一緒に茹でる。

4. 2に、茹で上げたスパゲティともやし、水菜、アンディーブを加え、和える。

野菜ペースト③

Pesto di olive e pomodoro secco coi zucchini

オリーブとドライトマトのペースト、ズッキーニ和え

甘みも旨みも濃いドライトマトペースト、
しっかりとした塩気のあるオリーブペースト。
2つをあわせた贅沢なソースには、
くせのないズッキーニを合わせて。

材料(2人分)

ドライトマトペースト —— 大さじ2
グリーンオリーブペースト —— 大さじ2
ブラックオリーブペースト —— 大さじ2
ズッキーニ —— 1本
スパゲティ —— 160g

作り方

1. ズッキーニは縦半分に切ってから、5mm幅の半月切りにする。

2. フライパンに、ドライトマトペースト、グリーンオリーブペースト、ブラックオリーブペーストを入れ、スパゲティの茹で汁(約大さじ2)と水(約大さじ2)で溶きのばしながら中火であたため、なめらかにする。

3. ズッキーニは、スパゲティが茹で上がる2分前に鍋に入れ、スパゲティと一緒に茹でる。

4. 2のフライパンに、茹で上げたスパゲティとズッキーニを加え、和える。

〈オリーブ、ドライトマトのペースト〉

材料(作りやすい分量)

セミドライトマトのオイル漬け—約15個、グリーンオリーブ(種なし)—約20粒、ブラックオリーブ(種なし)—約20粒、オリーブオイル—適量

作り方

1. セミドライトマトのオイル漬け、グリーンオリーブ、ブラックオリーブは、それぞれフードプロセッサーにかけてペースト状にする[*i*]。なめらかに混ざるよう、何回かに分けて、オリーブオイルを加える。

   * 余ったペーストは、カナッペにしても。パーティーなどに喜ばれる。

i

野菜ペースト④

Pesto di funghi misti

フンギペースト

きのこはじっくり炒めて旨みを引き出してからペーストに。
香り豊かなきのこソースがパスタにしっかりからみつく、
味わい深いひと皿。

材料(2人分)

フンギペースト(p.108) —— 120g

スパゲティ —— 160g

パルミジャーノ(仕上げ用) —— 大さじ2

無塩バター(仕上げ用) —— 10g

マッシュルーム(飾り用) —— 2個

作り方

1. フライパンにフンギペーストを入れ、スパゲティの茹で汁(約大さじ4)で溶きのばしながら中火であたため、なめらかにする。

2. 1に茹で上げたスパゲティ、仕上げのパルミジャーノ、無塩バターを加え、和える。

3. 皿に盛り、マッシュルームを生のまま、チーズおろしでおろしてかける。

〈フンギペースト〉

材料(作りやすい分量)

きのこ(しいたけ、しめじ、まいたけ、マッシュルームなど)——あわせて約400g
にんにく——大1片
赤唐辛子——1/2本
オリーブオイル——大さじ2
塩——少々

作り方

1. しいたけ、マッシュルームは5㎜幅の薄切りにする。しめじ、まいたけは小房に分ける。

2. フライパンで、にんにくと赤唐辛子のオイル[p.26 1 ❶–❺参照]を作る。にんにくと赤唐辛子は取り出しておく

3. 2を中火にかけ、1のきのこをしんなりするまで炒める。途中で塩をする。

4. 3をフードプロセッサーにかけてペースト状にする[*i-ii*]。

　＊余ったペーストは、牛や豚肉のソースにしてもおいしい。

i

ii

野菜ペースト⑤

Polpa di granchio e porri

万能ねぎとかに

鮮やかな緑が美しい万能ねぎのペースト。
かにの風味と、ねぎの辛みが溶け合って、
風味豊かなソースに。

材料(2人分)
万能ねぎのペースト(p.113) ── 大さじ3
ずわいがにの缶詰 ── 約100g
オリーブオイル ── 大さじ2
粗挽き白こしょう ── 少々
スパゲティ ── 160g
万能ねぎ(白い部分) ── 6本分

作り方

1. フライパンにオリーブオイルを入れて中火にかけ、かにを汁ごと加え、水分がなくなるくらいまで炒める。

    ＊かには炒めることで旨みが増す。

2. 万能ねぎのペーストを入れ [*a*]、スパゲティの茹で汁（約100cc）でなめらかに溶きのばし、白こしょうをする。

    ＊かに缶の塩分によっては、茹で汁の一部を水にかえる。

3. 2に茹で上げたスパゲティ、斜め切りにした万能ねぎを加え、和える。

a

〈万能ねぎのペースト〉

材料(作りやすい分量)

万能ねぎ(青い部分)——1束分

塩——小さじ1/3

オリーブオイル——大さじ6

作り方

1. 万能ねぎは小口切りにする。

2. 1、塩、オリーブオイルをフードプロセッサーにかけてペースト状にする [*i*]。

　＊余ったペーストは、パスタのトッピングに活用したい。トマトやパンナ系ソースによくあう。また、ねぎペーストにアンチョビを混ぜ、焼いた魚のソースにしてもおいしい。

i

野菜ペースト⑥

Pesto di soia e broccoli

枝豆ペーストとブロッコリー

枝豆の甘さと香りが口の中にやさしく広がる。
枝豆とブロッコリーのグリーンの濃淡が目にも美しい。

材料(2人分)

枝豆ペースト —— 120g

ブロッコリー —— 1/4株

オリーブオイル —— 大さじ2

塩 —— 少々

粗挽き白こしょう —— 少々

パルミジャーノ(仕上げ用) —— 大さじ2

作り方

1. ブロッコリーは小房に分ける。
2. フライパンに枝豆ペーストを入れ、スパゲティの茹で汁(約100cc)で溶きのばしながら中火であたため、なめらかにする。
3. オリーブオイル、塩、白こしょうも加え、なめらかに混ぜる。
4. ブロッコリーは、スパゲティが茹で上がる1分30秒〜2分前に鍋に入れ、スパゲティと一緒に茹でる。
5. 3に、茹で上げたスパゲティとブロッコリー、仕上げのパルミジャーノを加え、和える。

〈枝豆ペースト〉

材料(作りやすい分量)

枝豆(茹でて薄皮をむいたもの)―180g
オリーブオイル―大さじ4

作り方

1. 枝豆とオリーブオイルをフードプロセッサーにかけてペースト状にする [*i*]。

＊余ったペーストは、牛乳で溶きのばせばポタージュになる。

野菜ペースト⑦

Pesto di rape

かぶのオレキエッテ

かぶをとろとろに煮て作る、
ほっとする味わいのソース。
少しの苦味と、ほのかな甘み、
かぶのおいしさを丸ごとひと皿に。

材料(2人分)

かぶペースト(p.118) ── 160g
かぶの葉 ── 3個分
オレキエッテ ── 160g
パルミジャーノ(仕上げ用) ── 大さじ2
オリーブオイル(仕上げ用) ── 大さじ2

作り方

1. かぶの葉は茹で、茹で汁(少々)とともにフードプロセッサーにかけて、ペースト状にする。

2. フライパンにかぶペーストを入れ、スパゲティの茹で汁(約100cc)で溶きのばしながら中火であたため、なめらかにする。

3. 2に茹で上げたオレキエッテ、仕上げのパルミジャーノ、オリーブオイルを加え、和える。

4. 皿に盛り、1をかける。

〈かぶペースト〉

材料(作りやすい分量)

かぶの実──3個
玉ねぎスライス──大さじ3
オリーブオイル──大さじ2
塩──小さじ1/3

作り方

1. かぶの実は皮をむいて4つ割りにしてから3mm厚さの薄切りにする。
2. 小鍋にオリーブオイルを入れ、中火で玉ねぎとかぶを炒める。途中で塩をする。
3. 水をひたひたに注ぎ、かぶがくたくたになるまで煮る[i]。
4. 3をフードプロセッサーにかけてペースト状にする[ii]。

*余ったペーストは、牛乳で溶きのばせばポタージュになる。焼いた魚のソースにしてもおいしい。

i

ii

野菜ペースト⑧

Pesto di rucola

ルーコラの冷製

ピリッとした刺激と強い香りをもつルーコラのペースト。
個性が強いので、あえてパスタと和えず、
野菜やドライトマトのペーストといっしょにパスタに添えて。

材料(2人分)
ルーコラペースト(p.123) —— 大さじ4
ドライトマトペースト(p.105) —— 小さじ4
オリーブオイル —— 小さじ2
きゅうり —— 1本
セロリ —— 10cm
グリーンアスパラガス —— 4本
ベビーリーフ —— 10g
A 塩 —— 適量
　粗挽き白こしょう —— 適量
　レモンの絞り汁 —— 大さじ2
　オリーブオイル —— 大さじ2
カペッリーニ —— 120g

作り方

1. アスパラガスは茹でて、きゅうり、筋を取ったセロリと一緒に細いせん切りにし、氷水にさらす。
2. ドライトマトペーストはオリーブオイルでのばす。
3. ベビーリーフをボウルに入れ、Aを順に加えて手でやさしく和える。
4. カペッリーニは袋の表示時間通りに茹で、水にさらして冷ます。ザルにあげ、ふきんに包み、ふきんごと振って水気を取る。3のボウルに入れて和える。
5. 皿に、4、水気を切った1を盛り、2とルーコラペーストを添える。

〈ルーコラペースト〉

材料(作りやすい分量)

ルーコラ——60g

塩——小さじ1/3

オリーブオイル——大さじ4

作り方

1. ルーコラはざく切りにし、塩、オリーブオイルとともにフードプロセッサーにかけてペースト状にする［*i*］。

   *余ったペーストは、ステーキに添えたりと、薬味的に使うといい。

i

野菜ペースト⑨

Bagna cauda

バーニャカウダといろいろ野菜

バーニャカウダは、"あたたかいソース"という意味の
ピエモンテ生まれのソース。野菜それぞれの
おいしさを抜群に引き立ててくれる。

材料(2人分)

バーニャカウダ(p.127) ── 120g

れんこん ── 3cm

レモンのスライス ── 1枚

かぶ ── 1個

赤パプリカ ── 1/4個

黄パプリカ ── 1/4個

キャベツ ── 1枚

スナップえんどう ── 4本

いんげん ── 2、3本

葉野菜(ルーコラ、水菜など) ── 適量

スパゲティ ── 160g

オリーブオイル(仕上げ用) ── 大さじ2

作り方

1. れんこんは皮をむいて2mm厚さの薄切りにし、レモンのスライスと一緒に水にさらす(アク抜き)。かぶは皮をむいて8等分に切る。パプリカは細切り、キャベツはざく切り、スナップえんどうは斜め切り、いんげんは食べやすく切る。

2. フライパンにバーニャカウダを入れ、スパゲティの茹で汁(約大さじ2)と水(大さじ2)で溶きのばしながら中火であたため、なめらかにする。

   *硬いようならさらに水を足して溶く。

3. 葉野菜以外の野菜は、スパゲティの鍋に硬いものから順に入れ、スパゲティと一緒に茹でる。

4. 2に、茹で上げたスパゲティと野菜、葉野菜、仕上げのオリーブオイルを加え、和える。

〈バーニャカウダ〉

材料(作りやすい分量)

にんにく——120g

牛乳——200cc

水——100cc

アンチョビ——4、5枚

オリーブオイル——80cc

作り方

1. 小鍋に皮をむいたにんにく、牛乳、水を入れて火にかけ、煮立ったらごく弱火にして煮立たせないようにしながら、にんにくが柔らかくなるまで煮る [*i*]。

2. 1のにんにくの水気を切り、包丁の腹でつぶす [*ii*]。

3. 小鍋に2とペースト状につぶしたアンチョビ、オリーブオイルを入れ、ひと煮立ちさせる。

i

ii

野菜ペースト⑩

Tagliata di verdure fresche

ピーラー野菜のパスタ仕立て

色とりどりの野菜をピーラーでリボン状に。
パスタに見立てた野菜をバーニャカウダソースで。

材料(2人分)

バーニャカウダ(p.127)
　—— 大さじ2
大根 —— 長さ12cmのもの1/6本
にんじん —— 長さ12cmのもの1/2本
ごぼう —— 長さ12cm
セロリ —— 長さ12cm
きゅうり —— 長さ12cm
赤パプリカ —— 1/6個
黄パプリカ —— 1/6個
ラディッシュ —— 2個
ルーコラ —— 4、5枚
A　塩 —— 適量
　　粗挽き白こしょう —— 適量
　　レモンの搾り汁 —— 1/4個分
　　オリーブオイル —— 大さじ2
煮詰めたバルサミコ酢(仕上げ用)
　—— 大さじ2

作り方

1. ラディッシュは薄切りにして氷水をはったボウルにさらす。ルーコラ以外の野菜は、ピーラーで薄く削ぎ、氷水のボウルに落とす[*a*]。

2. よく水気を切った1、適当な大きさにちぎったルーコラをボウルに入れる。Aを順に加え、手でやさしく和える。

3. 皿に2を盛り、バーニャカウダ、煮詰めたバルサミコ酢を添える。野菜をソースとからめていただく。

a

BASIC

Ⅵ.リゾット

イタリアでは、リゾットは
パスタ同様アルデンテで食べる。
生の米を洗わずにフライパンで
煮て作るのが日本のご飯との違い。
仕上げはパルミジャーノとバターでこっくりまとめる。
季節の野菜のおいしさを、リゾットにとじ込めよう。

リゾット①（基本）

Risotto al parmigiano

リゾット・パルメザン

基本となるシンプルなリゾット。
この作り方をベースに、仕上げに季節の野菜を
あわせるなどアレンジは自由自在だ。

材料(2人分)

米 —— 120g
玉ねぎ(みじん切り)
　—— 大さじ1と1/2
オリーブオイル —— 大さじ2
塩 —— 適量

無塩バター —— 30g
パルミジャーノ(仕上げ用)
　—— 大さじ3
パルミジャーノ(塊) —— 適量

作り方

1. フライパンにオリーブオイルと玉ねぎを入れ、弱火で焦がさないように注意しながら炒める [*a*]。

2. 玉ねぎがしんなりして透き通ってきたら、米を洗わずに加え、米が白っぽくなるまで中火で炒める [*b*]。
   ＊米は洗うと割れやすくなり、粘りが出てしまう。これを避けるため、米は洗わず使用する。

3. 米がひたひたになるぐらいの水を加えて強火にし [*c*]、フライパンをゆすりながら煮詰めていく。
   ＊粘りが出てしまうのであまりかき混ぜすぎない。
   ＊ふちのこびりつきは時々ゴムべらでこそげる。

4. 水分がなくなってきたら、再び水を加え、ゆすりながら煮詰める[*d*]。これを約5回くり返し、好みのアルデンテにする。最後に塩で味をととのえる。

   *米の硬さはお好みで。煮詰まったらブロードを足すことをくり返し、好みの硬さになるまで煮る。

5. 火を止め、仕上げのパルミジャーノと無塩バターを加え[*e*]、へらで混ぜる。皿に盛り、好みでパルミジャーノ(塊)をおろしてかける。

   *加える水は野菜のブロードを使っても。野菜のブロードとは、玉ねぎ2:セロリ1:にんじん1の割合でとった野菜のだし。適当な大きさに切った野菜をひたひたの水で煮て、野菜が煮えたら漉して作る。

リゾット②

Risotto al gorgonzola asparagi e indivia

アスパラとアンディーブの
ゴルゴンゾーラリゾット

アンディーブの苦味と、ゴルゴンゾーラの
くせのある風味がよくあう大人のリゾット。
アスパラの歯ごたえと香りもアクセントに。

材料(2人分)

米 —— 120g	グリーンアスパラガス —— 4本
玉ねぎ(みじん切り)	アンディーブ —— 1本
—— 大さじ1と1/2	ゴルゴンゾーラチーズ —— 60g
オリーブオイル —— 大さじ2	パルミジャーノ(仕上げ用) —— 大さじ3
塩 —— 適量	無塩バター(仕上げ用) —— 大さじ2

作り方

1. アンディーブは、約1cm幅に切る。アスパラガスは茹でて、穂先を飾り用に残しておき、1cm幅に切ってから縦に4つ割りにする。

2. フライパンでリゾット〔p.132 **1–4参照**〕を作る。
   ＊ゴルゴンゾーラに塩気があるので、塩は弱めにしておく。

3. ゴルゴンゾーラを加えて溶かし混ぜる。

4. アスパラガス、仕上げのパルミジャーノ、無塩バターを加え混ぜる。最後にアンディーブを加え、さっと和える。皿に盛り、アスパラの穂先を飾る。

リゾット③

Risotto al pomodoro e verdure

トマトリゾット野菜の
オイル炒め和え

仕上がりの一歩手前で
ホールトマトを加え、トマトリゾットに。
野菜のオイル炒めをたっぷり和えて具だくさんに。

材料(2人分)

米 —— 120g
玉ねぎ(みじん切り) —— 大さじ2
オリーブオイル —— 大さじ2
ホールトマト —— 100g
塩 —— 適量
粗挽き白こしょう —— 少々
パルミジャーノ(仕上げ用)
　　—— 大さじ3
無塩バター (仕上げ用)
　　—— 大さじ2
なす、ズッキーニ、きのこのオイル炒め
(p.158、162、170参照)
　　—— 各大さじ3
イタリアンパセリ(粗みじん)
　　—— 大さじ2

作り方

1. フライパンでリゾット［p.132 **1–4参照**］を作る。米が好みの硬さになる一歩手前で、手でつぶしたホールトマトを加えてさらに煮込む。最後に塩、こしょうで味をととのえる。
   ＊ホールトマトのかわりにトマト(1個)を湯むきして、ざく切りにしたものを加えてもいい。

2. 仕上げのパルミジャーノ、無塩バターを加え混ぜたら、オイル炒めも加えてさっと和える。皿に盛り、イタリアンパセリを散らす。

リゾット④

Risotto in padella croccante

焼きリゾットのサラダ

リゾットが残ったときの食べ方のアイデア。
おこげのような香ばしさと
パリパリ感を、サラダといっしょに。

材料(2人分)

リゾット・パルメザン(p.132)
　——お玉2杯分
オリーブオイル —— 大さじ2
無塩バター —— 大さじ2
好みの野菜(赤パプリカ、黄パプリカ、
トマト、グリーンアスパラガス、ベビー
リーフ、ルーコラ、ラディッシュなど)
　—— 80g

A　塩 —— 適量
　　粗挽き白こしょう —— 適量
　　ワインビネガー —— 大さじ1
　　オリーブオイル —— 大さじ4

作り方

1. リゾットパルメザン(p.132参照)を作り、冷ます。

2. フッ素樹脂加工のフライパンにオリーブオイル(大さじ1)を入れ、中火にかける。あたたまったら、**1**のリゾットの1/2量を入れ、約1.5cm厚さに丸く広げる。

3. ふちが少しこんがりしてきたら、まわりにバター(大さじ1)を落とし、溶かす [*a*]。香ばしい香りがして焼き色がついたらひっくり返し、もう片面も焼く。もう1枚も同様に焼く。
   ＊フライパンが熱くなっているため、裏面は早く焦げるので注意する。

4. 野菜は一口大に切り、大きめのボウルに入れる。Aを順に加えて手でやさしく和える。

5. 皿に**3**をすべらせ、**4**のサラダを盛る。焼きリゾットを砕きながら、サラダと一緒にいただく。

リゾット⑤

Insalata di riso

お米のサラダ

イタリアでは、米は野菜の一部として扱う。
硬めに茹でた米をサラダと和えたら、
お米の新しい表情が見えてくる。

作り方

1. 米は、たっぷりの湯でアルデンテに茹で、ザルにあげる。

2. ハム、モッツァレラチーズ、ゆで卵は1cm角に切る。トマトは湯むきしてから種を取り1cm角に、きゅうりは皮をむき、種を取ってから5mm厚さのいちょう切り、セロリは筋を取ってから5mm角、アスパラガスは茹でて1cm幅の小口切りにする。オリーブは手でつぶしてから粗みじん、マッシュルームは薄切りにする。

3. 大きめのボウルに1の米、ハム、きゅうり、セロリ、アスパラガス、玉ねぎ、マッシュルーム、オリーブを入れる。Aを順に加えて手でやさしく和える。

4. パルミジャーノ、イタリアンパセリも加える。

5. ツナは手で大きくほぐしながら加える [*a*]。最後にモッツァレラチーズ、ゆで卵、トマトを加えてさっと和える。

6. 皿に盛り、パルミジャーノをおろしてかける。

最初に崩れにくい素材を加え、
崩れやすいものは最後に加えてさっと和える

材料(2人分)

- 米 ― 1/2カップ
- ハム ― 30g
- モッツァレラチーズ ― 30g
- ゆで卵 ― 1個
- ツナ(ソリッドタイプ) ― 1/2缶
- トマト ― 小1個
- きゅうり ― 1/4本
- セロリ ― 10g
- グリーンアスパラガス ― 1本
- 赤玉ねぎ(みじん切り) ― 大さじ1/2
- マッシュルーム ― 2個
- グリーンオリーブ(種なし) ― 4粒
- ブラックオリーブ(種なし) ― 4粒
- A　塩 ― 適量
  粗挽き白こしょう ― 適量
  レモンの搾り汁 ― 1/4個分
  オリーブオイル ― 大さじ3
- パルミジャーノ ― 大さじ1
- イタリアンパセリ(粗みじん)
  ― 大さじ1
- パルミジャーノ(塊) ― 適量

Ⅶ.冷製

本場イタリアで、
冷製パスタを出す店は意外と少ない。
そばやうどんなど、
麺を冷やして食べる文化を持つ
日本だからこそ、
ここまで広まった食べ方なんだ。
野菜やフルーツのおいしさを
余すところなく引き出して、
フレッシュなソースに凝縮させよう。

冷製①（基本）

Pomodoro fresco al freddo

トマトの冷製

トマトのおいしいジュースとオイルを、
とろりとひとつにまとめてソースにする。
火を使わないから気軽にできるのもうれしい。
トマトが甘くなる春に作るのがおすすめ。

材料(2人分)

フルーツトマト —— 6個
バジリコ —— 大2枚＋飾り用
にんにく —— 小1/2片
塩 —— 小さじ1/4
粗挽き白こしょう —— 少々

オリーブオイル —— 大さじ4
ワインビネガー —— 小さじ1/3
カペッリーニ —— 80g
オリーブオイル（仕上げ用）—— 小さじ2

a

b

c

作り方

1. トマトは湯むきし、6等分のくし形に切る。にんにくはすりおろす。バジリコ（大2枚）は粗く刻む。

2. 大きめのボウルに **1** を入れ、塩、白こしょうをふる。ボウルごと大きくゆすって和える［*a*］。

3. 続いてワインビネガーも加え、和える。
   * 酸味を加えるためではなく、香りのために加える。
   * トマトの甘くない季節には、この段階ではちみつ（小さじ1）を加えて甘みを足しても。

4. オリーブオイルを少しずつ加え［*b*］、そのつどボウルごとゆすって和え、とろりとさせる（乳化）［*c*］。ボウルごと冷蔵庫で冷やす。

5. カペッリーニは袋の表示時間通りに茹でる。茹で上がったら、水にさらす［*d*］。冷えたらすぐザルにあげ、ふきんに包む。ふきんごと振ってしっかり水気を取る［*e*］。
   * 冷製のときは、パスタは芯まで茹で（袋の表示時間通り）、冷水でしめるとちょうどよい硬さに仕上がる。

6. 皿にカペッリーニを盛り、**4** をかける。仕上げのオリーブオイルをかけ、バジリコの葉を飾る。
   * トマトソースは、冷やしているうちに分離しているので、カペッリーニにかける直前に再度ボウルごとゆすって、とろりと混ぜあわせておく。

d

冷たい水でしっかり冷やす

e

ふきんに包んだ状態で振って水気をしっかり取る

冷製 ②

Avocado e verdure

アボカドと野菜のソース

アボカドのまったりクリーミーなソース。
口に入れると、カリカリ、ネバネバ、ピリッ、
さまざまな食感が楽しめる。

作り方

1. アボカドは5mm角に切る。きゅうりは、ピーラーで皮をむいて種を取り、5mm角に切る。セロリは筋を取ってから5mm角、オクラはさっと茹でてから5mm角、めかぶは粗みじんに切る。大葉とねぎはみじん切りにする。みょうがは飾り用に細いせん切りにする。
2. ボウルに、みょうが以外の野菜とアボカドを入れ、へらで混ぜる。Aを加えて混ぜる。
3. オリーブオイルは分離しないように、少しずつ加えながら混ぜる。ボウルごと冷蔵庫で冷やす。
4. 茹で上げたカペッリーニは、冷水にさらし、冷えたらすぐ水気を取る。
5. 4を皿に盛り、3をかけ、みょうがを飾る。

材料(2人分)

- アボカド —— 1/2個
- きゅうり —— 1/4本
- セロリ —— 5g
- 大葉 —— 2枚
- ねぎ —— 5g
- オクラ —— 1本
- めかぶ —— 大さじ2
- みょうが —— 1個

A
- 塩 —— 適量
- レモンの搾り汁 —— 1/4個分
- タバスコ —— 5滴
- マヨネーズ —— 30g
- オリーブオイル —— 大さじ1と1/2
- カペッリーニ —— 80g

冷製③

Uva e menta

巨峰とミント

巨峰を皮ごとミキサーにかけることで、美しい紫色のソースになる。
口直しや、サプライズのデザートに。

材料(2人分)

巨峰(種無し皮ごと) —— 200g
ミントの葉 —— 2枝
ぶどうジュース(100%) —— 60cc
レモンの搾り汁 —— 1/4個分
オリーブオイル —— 大さじ2

塩 —— ふたつまみ
カペッリーニ —— 80g
巨峰(仕上げ用) —— 8粒
ミントの葉(仕上げ用) —— 適量

作り方

1. ミントは葉を摘んで、粗みじんに切る。ぶどうジュースは煮詰めて半量(大さじ2)にする。

2. 巨峰、ぶどうジュース、レモンの搾り汁、オリーブオイル、塩をミキサーにかける[a]。

3. ボウルに2のソースを注ぎ、ミントも加え、ボウルごと冷蔵庫で冷やす。

4. 茹で上げたカペッリーニは、冷水にさらし、冷えたらすぐ水気を取る。3の巨峰ソース(約150cc)と和える。

5. 4を皿に盛り、輪切りにした巨峰とミントの葉を飾る。

＊余ったソースはアイスクリームにかけて食べてもおいしい。

冷製④

Arancia

オレンジ

オレンジを煮詰め、粒粒ジュースを冷製ソースに仕上げた。
白髪ねぎと白こしょうが味をピリッとしめる。

材料(2人分)

オレンジ —— 3個
塩 —— ふたつまみ
粗挽き白しょう —— 適量
砂糖 —— ひとつまみ+小さじ1/2
オリーブオイル —— 大さじ3
白髪ねぎ —— 4cm
カペッリーニ —— 80g
香菜の葉 —— 少々

作り方

1. オレンジは皮をむき、実を取り出す。1個分(ソース用)は小鍋に入れ [*a*]、2個分(仕上げ用)はボウルに入れる。仕上げ用のオレンジに砂糖(ひとつまみ)と白こしょう(多め)をふり、ボウルごとゆすって和え、冷蔵庫で冷やしておく。

2. ソース用のオレンジの小鍋を中火にかけ、沸かさないように、かき混ぜながらあたためる。オレンジの粒が離れてきたら火からおろす。
   * 鍋は厚手のステンレスやほうろうがおすすめ。

3. 2をボウルに移し [*b*]、塩、白こしょう(多め)、砂糖(小さじ1/2)を加える。粗熱が取れたところでオリーブオイルを少しずつ加え、そのつどボウルごとゆすって和え、とろりとさせる(乳化)。ボウルごと冷蔵庫で冷やす。

4. 茹で上げたカペッリーニは、冷水にさらし、冷えたらすぐ水気を取る。3のオレンジソース(約150cc)、白髪ねぎと和える。

5. 4を皿に盛り、1のオレンジと香菜の葉を飾る。
   * 余ったソースはアイスクリームにかけて食べてもおいしい。

冷製⑤

Pesto di melanzane fredde

焼きなすペースト

日本の焼きなすを作る要領でしっかり皮を焦がして
旨みを凝縮させるのがポイント。
香ばしく、まったりとしたソースがパスタによくからむ。

材料(2人分)

なす —— 4本	ワインビネガー —— 小さじ1
水 —— 大さじ4	オリーブオイル —— 大さじ3
塩 —— 小さじ1/3	トマトの冷製ソース(p.144) —— 全量
粗挽き白こしょう —— 適量	カペッリーニ —— 80g
レモンの搾り汁 —— 1/6個分	イタリアンパセリ(粗みじん) —— 大さじ2

作り方

1. なすのペーストを作る。なすは皮付きのまま直火で焼き、粗熱が取れたら皮をむいて [*a*] ざく切りにする。

2. 1のなす、水、塩、白こしょう、レモンの搾り汁、ワインビネガー、オリーブオイルをフードプロセッサーにかけ、ペースト状にする [*b*]。

3. 2をボウルに移し、ボウルごと冷蔵庫で冷やす。

4. トマトの冷製ソース〔p.144 **1-4参照**〕を作る。

5. 茹で上げたカペッリーニは、冷水にさらし、冷えたらすぐ水気を取る。3のボウルに加え、和える。

6. 5を皿に盛り、4をのせ、イタリアンパセリを散らす。

冷製⑥

Peperonata

ペペロナータ

肉厚のパプリカを皮が真っ黒になるまでじっくり焼いて甘みを出す。
野菜のおいしさを最大限に引き出して、
色鮮やかなソースに仕上げよう。

材料(2人分)

赤パプリカ —— 2個	粗挽き白こしょう —— 少々
黄パプリカ —— 2個	レモンの搾り汁 —— 小さじ1
バジリコ —— 大2枚+飾り用	ワインビネガー —— 小さじ1/2
A　にんにく —— 1/2片	オリーブオイル —— 大さじ5
塩 —— 3つまみ	カペッリーニ —— 80g

作り方

1. パプリカは皮付きのまま、網で焼く。中火で転がしながら、全体が真っ黒になり、へなへなに柔らかくなるまで時間をかけてじっくり焼く。粗熱が取れたら皮と種を除き [*a*]、細切りにする。皮や種を取り除く際パプリカから出る汁もとっておく。にんにくはすりおろす。

2. 1のパプリカを汁ごとボウルに入れる。Aを加え、手で和える。

3. オリーブオイルを少しずつ加え、そのつどボウルごとゆすって和え、とろりとさせる(乳化)。手でちぎったバジリコ(大2枚)も加え、ボウルごと冷蔵庫で冷やす。

4. 茹で上げたカペッリーニは、水にさらし、冷えたらすぐ水気を取る。

5. 4を皿に盛り、3をかけ、バジリコを飾る。

a

2章 アレンジ自在 定番おかず

Melanzane in padella

なすのオイル炒め

ローズマリー風味のにんにくオイルでなすを炒めた、
イタリアのお惣菜。
仕上げに加えるワインビネガーが味を引きしめる。

材料(4人分)

なす —— 4本
にんにく —— 大1片
赤唐辛子 —— 1本
オリーブオイル —— 大さじ4
ローズマリー —— 大2枝

塩 —— 小さじ1/3
ワインビネガー —— 大さじ2
オリーブオイル(仕上げ用)
　—— 大さじ1

作り方

1. なすはピーラーで皮をストライプにむき、横半分に切ってから縦8等分に切る。にんにくは、手や包丁の腹でつぶし、皮を除く。

2. フライパンで、にんにくオイル[p.26 1 ❶-❹参照]を作る。途中、にんにくがきつね色になったらいったん取り出してローズマリーを入れ、焦げないように気をつけながら揚げ、オイルに香りを移す。パリッとしてきたら、ローズマリーをいったん取り出す。

3. 火を止めてから赤唐辛子を入れ、20秒ほどゆする。赤唐辛子も取り出す。

4. 3になすと塩を加え、強火で炒める。

5. なすに火が通ったら、火からおろしてワインビネガーを加え、フライパンをゆすり、余熱で水分を飛ばす。仕上げのオリーブオイルを加え、さっと和える。

6. 皿に盛るとき、好みで取り出したにんにく、ローズマリー、赤唐辛子を添える。

アレンジ

Pesto di melanzane

なすの冷製　オイル炒めのせ

材料(2人分)

なすのオイル炒め(p.158) —— 1/2量

焼きなすペーストのパスタ(p.152) —— 全量

作り方

1. 焼きなすペーストのパスタを作って、トマトの冷製ソースをのせずになすのオイル炒めをのせる。

なすのオイル炒めを
パスタのトッピングに。
なすのパスタはもちろん、
アリオリやトマトソースの
パスタにも、よくあう。

Zucchini in padella

ズッキーニのオイル炒め

オイル炒めは、なすやズッキーニなど、
オイルを吸う野菜と相性がいい。
セージの香りをオイルに移し、
ミントとレモンで爽やかな風味をプラス。

材料(4人分)

ズッキーニ —— 2本
にんにく —— 大1片
セージ —— 2枚
オリーブオイル —— 大さじ4
塩 —— ふたつまみ

粗挽き白こしょう —— 少々
レモンの搾り汁 —— 1/6個分
ミントの葉(粗みじん)
　—— 大さじ2

作り方

1. ズッキーニは縦半分に切ってから、5mm幅の半月切りにする。

2. フライパンで、にんにくオイル〔p.26 ❶-❹参照〕を作る。途中、にんにくがきつね色になったらいったん取り出してセージを入れ、焦げないように気をつけながら揚げ、オイルに香りを移す。パリッとしてきたら、セージをいったん取り出す。

3. 2にズッキーニと塩を加え、強火で炒める。途中で白こしょう(強め)をする。

4. ズッキーニに火が通ったら、火からおろしてレモンの搾り汁とミントを加え、さっと和える。

5. 皿に盛るとき、好みで取り出したにんにく、セージを添える。

アレンジ

Rigatoni alla panna e zucchini

ズッキーニのリガトーニ

材料(2人分)

ズッキーニのオイル炒め(p.162)
　—— 160g
玉ねぎ(薄切り) —— 大さじ2
ベーコン(スライス) —— 60g
オリーブオイル —— 大さじ3
生クリーム(乳脂肪分35%)
　—— 300cc
牛乳 —— 50cc
塩 —— 少々
リガトーニ —— 120g
パルミジャーノ(仕上げ用)
　—— 大さじ3
無塩バター(仕上げ用)
　—— 20g

作り方

1. ベーコンは1cm幅に切る。
2. フライパンに、オリーブオイルと玉ねぎを入れ、中火で炒める。しんなりしてきて、いい香りになったらベーコンを加える。
3. 2にズッキーニのオイル炒め、生クリーム、牛乳、塩を加え、ゆるめのクリーム状になるまで煮詰める。
4. 3に茹で上げたリガトーニ、仕上げのパルミジャーノと無塩バターを加え、和える。

ズッキーニは
くせのない野菜なので、
いろいろなアレンジが可能。
クリーム系パスタのほか、
アリオリやトマトソースの
トッピングにしてもよくあう。

Caponata

カポナータ

野菜のおいしさをシンプルに味わう、
シチリア生まれの野菜の煮込み。
常備菜として、ストックしておくのもおすすめ。

材料(4人分)

なす —— 2本
ズッキーニ —— 1本
赤パプリカ —— 1個
黄パプリカ —— 1個
玉ねぎ —— 1/4個
セロリ —— 10cm
ホールトマト —— 1缶(約400g)
オリーブオイル —— 大さじ3
塩 —— 適量
粗挽き白こしょう —— 適量
バジリコ —— 3、4枚

作り方

1. なすはピーラーで皮をストライプにむき、縦に4つ割りにしてから3cm角に切る。ズッキーニ、パプリカも3cm角に切る。玉ねぎは粗みじん、セロリは包丁の腹で叩いて筋を断ち、粗みじんに切る。

2. フライパンにオリーブオイル、玉ねぎとセロリを入れ、中火にかける。あまりかきまわさず、たまにゆする程度で、ソフリット(イタリア流野菜だしのもと)を作る。

3. 野菜が色づいてきたら、ズッキーニ、パプリカ、なす、塩、白こしょうを順に加え、炒め合わせる。

4. 野菜が少ししんなりしてきたら、手でつぶしたホールトマトを加え、強火にする。トマトの水分がなくなるまで、ゆすりながら煮詰め、塩、白こしょうで味をととのえる。

5. 火からおろし、手でちぎったバジリコを和える。

アレンジ

Pennette al cento saporito

カポナータのペンネッテ

材料(2人分)

カポナータ(p.166) ── お玉3杯分
オリーブオイル ── 大さじ1
ペンネッテ ── 120g
パルミジャーノ ── 大さじ2
バジリコ ── 適量

作り方

1. 茹で上げたペンネッテを皿に盛る。
2. フライパンでカポナータをあたため、オリーブオイルを加えて和え、1にのせる。パルミジャーノをふり、バジリコを飾る。

カポナータをあたため直して
パスタにのせるだけ。
こんな風にそのままパスタソース
としても十分おいしい。
そのほか、ガーリックトーストに
のせてブルスケッタ風にしても。

Funghi trifolati

きのこのオイル炒め

きのこは数種を取りあわせて使うとより複雑な香りを楽しめる。
水分を飛ばすように強火で炒め、旨みを一気にとじ込める。

材料(4人分)

しいたけ —— 大2個	にんにく —— 大1片
まいたけ —— 1パック	赤唐辛子 —— 1本
しめじ —— 1パック	オリーブオイル —— 大さじ4
マッシュルーム —— 4個	塩 —— 適量

作り方

1. きのこは一口大に手でさく。

    *きのこは笠が開いているもののほうが香りが強い。

2. フライパンで、にんにくと赤唐辛子のオイル〔p.26 1 ❶–❺参照〕を作る。にんにくと赤唐辛子は取り出しておく。

3. 2に1を加え、水分があまり出ないよう強火で炒める。途中で塩をする。水分を飛ばすようにずっと強火で炒める。

    *写真［*a*］のようにフライパンの真ん中をあけてじっくり炒めると、フライパンが冷めにくい。かき混ぜすぎると温度が下がり、水分が出すぎてしまう。あまりいじらずほうっておくのも大事な仕事。

a

アレンジ

Pesce alla mugnaia coi funghi trifolati

白身魚のムニエル　きのこのソース

材料(2人分)

きのこのオイル炒め(p.170) ── お玉2杯分

白身魚の切り身 ── 2切れ

塩 ── 適量

粗挽き白こしょう ── 適量

小麦粉 ── 適量

オリーブオイル ── 大さじ1

無塩バター ── 大さじ1

白ワイン ── 大さじ2

イタリアンパセリ(粗みじん) ── 大さじ2

作り方

1. 白身魚に塩、白こしょうをふる。両面にまんべんなく小麦粉をはたく。

2. フライパンに、オリーブオイルと無塩バターを入れ、中火であたためる。

3. 2に1の白身魚を入れ、両面をソテーする。白ワインを加え、ゆすりながら強火で水分を飛ばし、ムニエルにする。わきにきのこのオイル炒めを入れ、あたためる。

4. 皿にきのこのオイル炒めを薄くしき、3の白身魚をのせ、イタリアンパセリを散らす。

きのこのオイル炒めは、
そのまま肉や魚の
ソースにしてもおいしい。
好みで、フードプロセッサーで
ペースト状にしても。

Verdure alla griglia

焼き野菜いろいろ

グリルパンでしっかり焼き目をつけ、
オリーブオイルと塩でいただく。
ストレートに野菜のおいしさを味わうひと皿。
焼き目をしっかりつけて美しく仕上げよう。

材料(4人分)

ズッキーニ —— 1/2本	赤パプリカ —— 1/3個
なす —— 1本	玉ねぎ —— 1個
グリーンアスパラガス —— 2本	さつまいも —— 1/4本
アンディーブ —— 1/2個	トレビス —— 4枚
エリンギ —— 1本	オリーブオイル —— 適量
黄パプリカ —— 1/3個	塩 —— 適量

作り方

1. ズッキーニとなすはへたごと縦1cm厚さに切る。アンディーブは縦に4つ割り、エリンギは手で4つにさく。パプリカは1cm厚さ、玉ねぎとさつまいもは5mm厚さの輪切り、トレビスは縦半分に切る。アスパラガスは硬い根元の皮をピーラーでむく。

2. 中火であたためたグリルパンに野菜をのせ、焼き目がつくように両面を焼く。

3. 皿に盛りつけ、オリーブオイルをまわしかけ、塩をふる。

アレンジ

Verdure al forno

焼き野菜のグラタン

材料(4人分)

焼き野菜(p.174) —— 全量
オリーブオイル —— 大さじ1
塩 —— 適量
粗挽き白こしょう —— 適量
トマトソース(p.46参照) —— 大さじ5
パン粉 —— 大さじ2
イタリアンパセリ(粗みじん) —— 大さじ1

作り方

1. 耐熱皿にオリーブオイルをひく。焼き野菜は、少し強めに塩、白こしょうをふる。
2. 野菜を耐熱皿に並べ、トマトソースとパン粉をかける。
   *好みで、パルミジャーノをふりかけて焼いてもおいしい。
3. オーブンに入れ、パン粉が香ばしく焦げたら取り出して好みでイタリアンパセリを散らす。

焼いた野菜、
少量のトマトソース、
パン粉を重ねた、
野菜のグラタン。
焼きパン粉の香ばしさが
アクセントに。

staff
料理　　　　　　　　落合 務
料理アシスタント　　　吉永 啓二（LA BETTOLA bis）
写真　　　　　　　　今清水 隆宏
デザイン　　　　　　高橋 良
スタイリング　　　　鈴木 亜希子
レシピ原稿　　　　　鈴木 都（鈴木都料理教室）
校正　　　　　　　　麦秋社

本書は、『ラ・ベットラ落合務の野菜が主役のパスタ』(2009年11月/弊社刊)を改題し、一部加筆・修正をして文庫化したものです。

落合 務　TSUTOMU OCHIAI

1947年東京生まれ。「ラ・ベットラ・ダ・オチアイ」オーナーシェフ。「ホテルニューオータニ」、「レストラントップス」を経て、フランス、イタリアへ料理修業に渡る。1982年、赤坂のイタリア料理店「グラナータ」開店の料理長に就任。1997年、「ラ・ベットラ・ダ・オチアイ」をオープンし、予約の取れないレストランとして有名になる。その盛況はオープン以来変わらない。TV、雑誌、講習会等にも積極的に参加し、イタリア料理の発展に努める日々。

LA BETTOLA da Ochiai（ラ・ベットラ・ダ・オチアイ）

東京都中央区銀座1-21-2
ランチ　　11:30～14:00（ラストオーダー）
ディナー　18:30～22:00（ラストオーダー）
　　　　　土・祝日は18:00～21:30
定休日　　日曜、第1・第3月曜
http://www.la-bettola.co.jp

ラ・ベットラ落合シェフの
「絶対おいしく作れる」パスタ

2015年08月31日　初版第1刷発行

著　者	落合務
発行者	中川信行
発行所	株式会社マイナビ
	〒100-0003 東京都千代田区一ツ橋 1-1-1 パレスサイドビル
	TEL 0480-38-6872（注文専用ダイヤル）
	TEL 03-6267-4477（販売）／ TEL 03-6267-4403（編集）
	URL http://book.mynavi.jp

カバーデザイン	米谷テツヤ（PASS）
印刷・製本	図書印刷株式会社

◎本書の一部または全部について個人で使用するほかは、著作権法上、株式会社マイナビおよび著作権者の承諾を得ずに無断で複写、複製することは禁じられております。
◎乱丁・落丁についてのお問い合わせは TEL 0480-38-6872（注文専用ダイヤル）／電子メール　sas@mynavi.jp までお願いいたします。◎内容に関するご質問は出版事業本部編集2部まで葉書、封書にてお問い合わせください。◎定価はカバーに記載してあります。

ISBN978-4-8399-5701-8
©2015 TSUTOMU OCHIAI　©2015 Mynavi Corporation

MYNAVI BUNKO

おつまみ一行レシピ
唎酒師がつくる酒の肴 136 品
　きき ざけ し

やまはたのりこ 著

酒の肴の作り方をたった一行でまとめたアイデアレシピ集。おつまみはどれも定番的なもので、男性・単身者・料理初心者でも手軽においしく作れるもの。文庫片手に、ビール片手にちゃちゃっと料理ができます。また、全てのレシピに英訳が付いているので、外国の方へのプレゼントとしても最適です。

定価　本体740円＋税

MYNAVI BUNKO

おいしい！ かんたん！
健康パスタ

黒川陽子 著

パスタとオリーブオイル、塩さえあれば、シンプルでおいしい一品のできあがり！ 短時間でできるパスタ料理は、忙しい人にとって、最もお手軽な料理 です。オリーブオイルとパスタの組合せは、おいしいだけでなく、栄養学的にも優れています。特に肥満や糖尿病の予防に効果的で、オリーブオイルや野菜をたくさん摂る「地中海型食事」として注目されています。本書ではオリーブオイルを使用したパスタ52のレシピを掲載しています。

定価　本体750円＋税